internet address & password logbook

Keep favorite website addresses, usernames, and passwords in one easy, convenient place!

PETER PAUPER PRESS, INC.
WHITE PLAINS, NEW YORK

PETER PAUPER PRESS
Fine Books and Gifts Since 1928

Our Company

In 1928, at the age of twenty-two, Peter Beilenson began printing books on a small press in the basement of his parents' home in Larchmont, New York. Peter—and later, his wife, Edna—sought to create fine books that sold at "prices even a pauper could afford."

Today, still family owned and operated, Peter Pauper Press continues to honor our founders' legacy—and our customers' expectations—of beauty, quality, and value.

Cover illustration by Atelier Mineeda

Visit us at www.peterpauper.com

The *Internet Address & Password Logbook* is meant to help you organize your usernames and passwords in one convenient place. As this is sensitive security information, it is advisable to keep this book in an extremely secure place. It is not recommended for travel use, but rather for use in the home (and preferably kept in a hidden or discreet place). We also suggest writing down hints instead of full passwords in case this book is misplaced.

It is recommended to use different usernames and passwords for each Internet site, and to change your passwords frequently.

In the back of this organizer there is space to record some useful Internet and computer information for your own personal reference.

Site name

Site address

Login/username

Password

Site name

Site address

Login/username

Password

Site name

Site address

Login/username

Password

Site name

Site address

Login/username

Password

Site name

Site address

Login/username

Password

Site name

Site address

Login/username

Password

Site name

Site address

Login/username

Password

Site name

Site address

Login/username

Password

Site name

Site address

Login/username

Password

Site name

Site address

Login/username

Password

Site name

Site address

Login/username

Password

Site name

Site address

Login/username

Password

Site name

Site address

Login/username

Password

Site name

Site address

Login/username

Password

Site name

Site address

Login/username

Password

Site name

Site address

Login/username

Password

Site name

Site address

Login/username

Password

Site name

Site address

Login/username

Password

Site name

Site address

Login/username

Password

Site name

Site address

Login/username

Password

Site name

Site address

Login/username

Password

Site name

Site address

Login/username

Password

Site name

Site address

Login/username

Password

Site name

Site address

Login/username

Password

Site name

Site address

Login/username

Password

Site name

Site address

Login/username

Password

Site name

Site address

Login/username

Password

Site name

Site address

Login/username

Password

Site name

Site address

Login/username

Password

Site name

Site address

Login/username

Password

Site name

Site address

Login/username

Password

Site name

Site address

Login/username

Password

Site name

Site address

Login/username

Password

Site name

Site address

Login/username

Password

Site name

Site address

Login/username

Password

Site name

Site address

Login/username

Password

Site name

Site address

Login/username

Password

Site name

Site address

Login/username

Password

Site name

Site address

Login/username

Password

Site name

Site address

Login/username

Password

Site name

Site address

Login/username

Password

Site name

Site address

Login/username

Password

Site name

Site address

Login/username

Password

Site name

Site address

Login/username

Password

Site name

Site address

Login/username

Password

Site name

Site address

Login/username

Password

Site name

Site address

Login/username

Password

Site name

Site address

Login/username

Password

Site name

Site address

Login/username

Password

Site name

Site address

Login/username

Password

Site name

Site address

Login/username

Password

Site name

Site address

Login/username

Password

Site name

Site address

Login/username

Password

Site name

Site address

Login/username

Password

Site name

Site address

Login/username

Password

Site name

Site address

Login/username

Password

Site name

Site address

Login/username

Password

Site name

Site address

Login/username

Password

Site name

Site address

Login/username

Password

Site name

Site address

Login/username

Password

Site name

Site address

Login/username

Password

Site name

Site address

Login/username

Password

Site name

Site address

Login/username

Password

Site name

Site address

Login/username

Password

Site name

Site address

Login/username

Password

Site name

Site address

Login/username

Password

Site name

Site address

Login/username

Password

Site name

Site address

Login/username

Password

Site name

Site address

Login/username

Password

Site name

Site address

Login/username

Password

Site name

Site address

Login/username

Password

Site name

Site address

Login/username

Password

Site name

Site address

Login/username

Password

Site name

Site address

Login/username

Password

Site name

Site address

Login/username

Password

Site name

Site address

Login/username

Password

Site name

Site address

Login/username

Password

Site name

Site address

Login/username

Password

Site name

Site address

Login/username

Password

Site name

Site address

Login/username

Password

Site name

Site address

Login/username

Password

Site name

Site address

Login/username

Password

Site name

Site address

Login/username

Password

Site name

Site address

Login/username

Password

Site name

Site address

Login/username

Password

Site name

Site address

Login/username

Password

Site name

Site address

Login/username

Password

Site name

Site address

Login/username

Password

Site name

Site address

Login/username

Password

Site name

Site address

Login/username

Password

Site name

Site address

Login/username

Password

Site name

Site address

Login/username

Password

Site name

Site address

Login/username

Password

Site name

Site address

Login/username

Password

Site name

Site address

Login/username

Password

Site name

Site address

Login/username

Password

Site name

Site address

Login/username

Password

Site name

Site address

Login/username

Password

Site name

Site address

Login/username

Password

Site name

Site address

Login/username

Password

Site name

Site address

Login/username

Password

Site name

Site address

Login/username

Password

Site name

Site address

Login/username

Password

Site name

Site address

Login/username

Password

Site name

Site address

Login/username

Password

Site name

Site address

Login/username

Password

Site name

Site address

Login/username

Password

Site name

Site address

Login/username

Password

Site name

Site address

Login/username

Password

Site name

Site address

Login/username

Password

Site name

Site address

Login/username

Password

Site name

Site address

Login/username

Password

Site name

Site address

Login/username

Password

Site name

Site address

Login/username

Password

Site name

Site address

Login/username

Password

Site name

Site address

Login/username

Password

Site name

Site address

Login/username

Password

Site name

Site address

Login/username

Password

Site name

Site address

Login/username

Password

Site name

Site address

Login/username

Password

Site name

Site address

Login/username

Password

Site name

Site address

Login/username

Password

Site name

Site address

Login/username

Password

Site name

Site address

Login/username

Password

Site name

Site address

Login/username

Password

Site name

Site address

Login/username

Password

Site name

Site address

Login/username

Password

Site name

Site address

Login/username

Password

Site name

Site address

Login/username

Password

Site name

Site address

Login/username

Password

Site name

Site address

Login/username

Password

Site name

Site address

Login/username

Password

Site name

Site address

Login/username

Password

Site name

Site address

Login/username

Password

Site name

Site address

Login/username

Password

Site name

Site address

Login/username

Password

Site name

Site address

Login/username

Password

Site name

Site address

Login/username

Password

Site name

Site address

Login/username

Password

Site name

Site address

Login/username

Password

Site name

Site address

Login/username

Password

Site name

Site address

Login/username

Password

Site name

Site address

Login/username

Password

Site name

Site address

Login/username

Password

Site name

Site address

Login/username

Password

Site name

Site address

Login/username

Password

Site name

Site address

Login/username

Password

Site name

Site address

Login/username

Password

Site name

Site address

Login/username

Password

Site name

Site address

Login/username

Password

Site name

Site address

Login/username

Password

Site name

Site address

Login/username

Password

Site name

Site address

Login/username

Password

Site name

Site address

Login/username

Password

Site name

Site address

Login/username

Password

Site name

Site address

Login/username

Password

Site name

Site address

Login/username

Password

Site name

Site address

Login/username

Password

Site name

Site address

Login/username

Password

Site name

Site address

Login/username

Password

Site name

Site address

Login/username

Password

Site name

Site address

Login/username

Password

Site name

Site address

Login/username

Password

Site name

Site address

Login/username

Password

Site name

Site address

Login/username

Password

Site name

Site address

Login/username

Password

Site name

Site address

Login/username

Password

Site name

Site address

Login/username

Password

Site name

Site address

Login/username

Password

Site name

Site address

Login/username

Password

Site name

Site address

Login/username

Password

Site name

Site address

Login/username

Password

Site name

Site address

Login/username

Password

Site name

Site address

Login/username

Password

Site name

Site address

Login/username

Password

Site name

Site address

Login/username

Password

Site name

Site address

Login/username

Password

Site name

Site address

Login/username

Password

Site name

Site address

Login/username

Password

Site name

Site address

Login/username

Password

Site name

Site address

Login/username

Password

Site name

Site address

Login/username

Password

Site name

Site address

Login/username

Password

Site name

Site address

Login/username

Password

Site name

Site address

Login/username

Password

Site name

Site address

Login/username

Password

Site name

Site address

Login/username

Password

Site name

Site address

Login/username

Password

Site name

Site address

Login/username

Password

Site name

Site address

Login/username

Password

Site name

Site address

Login/username

Password

Site name

Site address

Login/username

Password

Site name

Site address

Login/username

Password

Site name

Site address

Login/username

Password

Site name

Site address

Login/username

Password

Site name

Site address

Login/username

Password

Site name

Site address

Login/username

Password

Site name

Site address

Login/username

Password

Site name

Site address

Login/username

Password

Site name

Site address

Login/username

Password

Site name

Site address

Login/username

Password

Site name

Site address

Login/username

Password

Site name

Site address

Login/username

Password

Site name

Site address

Login/username

Password

Site name

Site address

Login/username

Password

Site name

Site address

Login/username

Password

Site name

Site address

Login/username

Password

Site name

Site address

Login/username

Password

Site name

Site address

Login/username

Password

Site name

Site address

Login/username

Password

Site name

Site address

Login/username

Password

Site name

Site address

Login/username

Password

Site name

Site address

Login/username

Password

Site name

Site address

Login/username

Password

Site name

Site address

Login/username

Password

Site name

Site address

Login/username

Password

Site name

Site address

Login/username

Password

Site name

Site address

Login/username

Password

Site name

Site address

Login/username

Password

Site name

Site address

Login/username

Password

Site name

Site address

Login/username

Password

Site name

Site address

Login/username

Password

Site name

Site address

Login/username

Password

Site name

Site address

Login/username

Password

Site name

Site address

Login/username

Password

Site name

Site address

Login/username

Password

Site name

Site address

Login/username

Password

Site name

Site address

Login/username

Password

Site name

Site address

Login/username

Password

Site name

Site address

Login/username

Password

Site name

Site address

Login/username

Password

Site name

Site address

Login/username

Password

Site name

Site address

Login/username

Password

Site name

Site address

Login/username

Password

Site name

Site address

Login/username

Password

Site name

Site address

Login/username

Password

Site name

Site address

Login/username

Password

Site name

Site address

Login/username

Password

Site name

Site address

Login/username

Password

Site name

Site address

Login/username

Password

Site name

Site address

Login/username

Password

Site name

Site address

Login/username

Password

Site name

Site address

Login/username

Password

Site name

Site address

Login/username

Password

Site name

Site address

Login/username

Password

Site name

Site address

Login/username

Password

Site name

Site address

Login/username

Password

Site name

Site address

Login/username

Password

Site name

Site address

Login/username

Password

Site name

Site address

Login/username

Password

Site name

Site address

Login/username

Password

Site name

Site address

Login/username

Password

Site name

Site address

Login/username

Password

Site name

Site address

Login/username

Password

Site name

Site address

Login/username

Password

Site name

Site address

Login/username

Password

Site name

Site address

Login/username

Password

Site name

Site address

Login/username

Password

Site name

Site address

Login/username

Password

Site name

Site address

Login/username

Password

Site name

Site address

Login/username

Password

Site name

Site address

Login/username

Password

Site name

Site address

Login/username

Password

Site name

Site address

Login/username

Password

Site name

Site address

Login/username

Password

Site name

Site address

Login/username

Password

Site name

Site address

Login/username

Password

Site name

Site address

Login/username

Password

Site name

Site address

Login/username

Password

Site name

Site address

Login/username

Password

Site name

Site address

Login/username

Password

Site name

Site address

Login/username

Password

Site name

Site address

Login/username

Password

Site name

Site address

Login/username

Password

Site name

Site address

Login/username

Password

Site name

Site address

Login/username

Password

Site name

Site address

Login/username

Password

Site name

Site address

Login/username

Password

Site name

Site address

Login/username

Password

Site name

Site address

Login/username

Password

Site name

Site address

Login/username

Password

Site name

Site address

Login/username

Password

Site name

Site address

Login/username

Password

Site name

Site address

Login/username

Password

Site name

Site address

Login/username

Password

Site name

Site address

Login/username

Password

Site name

Site address

Login/username

Password

Site name

Site address

Login/username

Password

Site name

Site address

Login/username

Password

Site name

Site address

Login/username

Password

Site name

Site address

Login/username

Password

Site name

Site address

Login/username

Password

Site name

Site address

Login/username

Password

Site name

Site address

Login/username

Password

Site name

Site address

Login/username

Password

Site name

Site address

Login/username

Password

Site name

Site address

Login/username

Password

Site name

Site address

Login/username

Password

Site name

Site address

Login/username

Password

Site name

Site address

Login/username

Password

Site name

Site address

Login/username

Password

Site name

Site address

Login/username

Password

Site name

Site address

Login/username

Password

Site name

Site address

Login/username

Password

Site name

Site address

Login/username

Password

Site name

Site address

Login/username

Password

Site name

Site address

Login/username

Password

Site name

Site address

Login/username

Password

Site name

Site address

Login/username

Password

Site name

Site address

Login/username

Password

Site name

Site address

Login/username

Password

Site name

Site address

Login/username

Password

Site name

Site address

Login/username

Password

Site name

Site address

Login/username

Password

Site name

Site address

Login/username

Password

Site name

Site address

Login/username

Password

Site name

Site address

Login/username

Password

Site name

Site address

Login/username

Password

Site name

Site address

Login/username

Password

Site name

Site address

Login/username

Password

Site name

Site address

Login/username

Password

Site name

Site address

Login/username

Password

Site name

Site address

Login/username

Password

Site name

Site address

Login/username

Password

Site name

Site address

Login/username

Password

Site name

Site address

Login/username

Password

Site name

Site address

Login/username

Password

Site name

Site address

Login/username

Password

Site name

Site address

Login/username

Password

Site name

Site address

Login/username

Password

Site name

Site address

Login/username

Password

Site name

Site address

Login/username

Password

Site name

Site address

Login/username

Password

Site name

Site address

Login/username

Password

Site name

Site address

Login/username

Password

Site name

Site address

Login/username

Password

Site name

Site address

Login/username

Password

Site name

Site address

Login/username

Password

Site name

Site address

Login/username

Password

Site name

Site address

Login/username

Password

Site name

Site address

Login/username

Password

Site name

Site address

Login/username

Password

Site name

Site address

Login/username

Password

Site name

Site address

Login/username

Password

Site name

Site address

Login/username

Password

Site name

Site address

Login/username

Password

Site name

Site address

Login/username

Password

Site name

Site address

Login/username

Password

Site name

Site address

Login/username

Password

Site name

Site address

Login/username

Password

Site name

Site address

Login/username

Password

Site name

Site address

Login/username

Password

Site name

Site address

Login/username

Password

Site name

Site address

Login/username

Password

Site name

Site address

Login/username

Password

Site name

Site address

Login/username

Password

Site name

Site address

Login/username

Password

Site name

Site address

Login/username

Password

Site name

Site address

Login/username

Password

Site name

Site address

Login/username

Password

Site name

Site address

Login/username

Password

Site name

Site address

Login/username

Password

Site name

Site address

Login/username

Password

Site name

Site address

Login/username

Password

Site name

Site address

Login/username

Password

Site name

Site address

Login/username

Password

Site name

Site address

Login/username

Password

Site name

Site address

Login/username

Password

Site name

Site address

Login/username

Password

Site name

Site address

Login/username

Password

Site name

Site address

Login/username

Password

Site name

Site address

Login/username

Password

Site name

Site address

Login/username

Password

Site name

Site address

Login/username

Password

Site name

Site address

Login/username

Password

Site name

Site address

Login/username

Password

Site name

Site address

Login/username

Password

Site name

Site address

Login/username

Password

Site name

Site address

Login/username

Password

Site name

Site address

Login/username

Password

Site name

Site address

Login/username

Password

Site name

Site address

Login/username

Password

Site name

Site address

Login/username

Password

Site name

Site address

Login/username

Password

Site name

Site address

Login/username

Password

Site name

Site address

Login/username

Password

Site name

Site address

Login/username

Password

Site name

Site address

Login/username

Password

Site name

Site address

Login/username

Password

Site name

Site address

Login/username

Password

Site name

Site address

Login/username

Password

Site name

Site address

Login/username

Password

Site name

Site address

Login/username

Password

Site name

Site address

Login/username

Password

Site name

Site address

Login/username

Password

Site name

Site address

Login/username

Password

Site name

Site address

Login/username

Password

Site name

Site address

Login/username

Password

Site name

Site address

Login/username

Password

Site name

Site address

Login/username

Password

Site name

Site address

Login/username

Password

Site name

Site address

Login/username

Password

Site name

Site address

Login/username

Password

Site name

Site address

Login/username

Password

Site name

Site address

Login/username

Password

Site name

Site address

Login/username

Password

Site name

Site address

Login/username

Password

Site name

Site address

Login/username

Password

Site name

Site address

Login/username

Password

Site name

Site address

Login/username

Password

Site name

Site address

Login/username

Password

Site name

Site address

Login/username

Password

Site name

Site address

Login/username

Password

Site name

Site address

Login/username

Password

Site name

Site address

Login/username

Password

Site name

Site address

Login/username

Password

Site name

Site address

Login/username

Password

Site name

Site address

Login/username

Password

Site name

Site address

Login/username

Password

Site name

Site address

Login/username

Password

Site name

Site address

Login/username

Password

Site name

Site address

Login/username

Password

Site name

Site address

Login/username

Password

Site name

Site address

Login/username

Password

Site name

Site address

Login/username

Password

Site name

Site address

Login/username

Password

Site name

Site address

Login/username

Password

Site name

Site address

Login/username

Password

Site name

Site address

Login/username

Password

Site name

Site address

Login/username

Password

Site name

Site address

Login/username

Password

Site name

Site address

Login/username

Password

Site name

Site address

Login/username

Password

Site name

Site address

Login/username

Password

Site name

Site address

Login/username

Password

Site name

Site address

Login/username

Password

Site name

Site address

Login/username

Password

Site name

Site address

Login/username

Password

Site name

Site address

Login/username

Password

Site name

Site address

Login/username

Password

Site name
Site address

Login/username

Password

Site name
Site address

Login/username

Password

Site name
Site address

Login/username

Password

Site name
Site address

Login/username

Password

Site name

Site address

Login/username

Password

Site name

Site address

Login/username

Password

Site name

Site address

Login/username

Password

Site name

Site address

Login/username

Password

Site name

Site address

Login/username

Password

Site name

Site address

Login/username

Password

Site name

Site address

Login/username

Password

Site name

Site address

Login/username

Password

Site name

Site address

Login/username

Password

Site name

Site address

Login/username

Password

Site name

Site address

Login/username

Password

Site name

Site address

Login/username

Password

Site name

Site address

Login/username

Password

Site name

Site address

Login/username

Password

Site name

Site address

Login/username

Password

Site name

Site address

Login/username

Password

Site name

Site address

Login/username

Password

Site name

Site address

Login/username

Password

Site name

Site address

Login/username

Password

Site name

Site address

Login/username

Password

Site name

Site address

Login/username

Password

Site name

Site address

Login/username

Password

Site name

Site address

Login/username

Password

Site name

Site address

Login/username

Password

Site name

Site address

Login/username

Password

Site name

Site address

Login/username

Password

Site name

Site address

Login/username

Password

Site name

Site address

Login/username

Password

Site name

Site address

Login/username

Password

Site name

Site address

Login/username

Password

Site name

Site address

Login/username

Password

Site name

Site address

Login/username

Password

Site name

Site address

Login/username

Password

Site name

Site address

Login/username

Password

Site name

Site address

Login/username

Password

Site name

Site address

Login/username

Password

Site name

Site address

Login/username

Password

Site name

Site address

Login/username

Password

Site name

Site address

Login/username

Password

Site name

Site address

Login/username

Password

Site name

Site address

Login/username

Password

Site name

Site address

Login/username

Password

Site name

Site address

Login/username

Password

Site name

Site address

Login/username

Password

Site name

Site address

Login/username

Password

Site name

Site address

Login/username

Password

Site name

Site address

Login/username

Password

Site name

Site address

Login/username

Password

Site name

Site address

Login/username

Password

Site name

Site address

Login/username

Password

Site name

Site address

Login/username

Password

Site name

Site address

Login/username

Password

Site name

Site address

Login/username

Password

Site name

Site address

Login/username

Password

Site name

Site address

Login/username

Password

Site name

Site address

Login/username

Password

Site name

Site address

Login/username

Password

Site name

Site address

Login/username

Password

Site name

Site address

Login/username

Password

Site name

Site address

Login/username

Password

Site name

Site address

Login/username

Password

Site name

Site address

Login/username

Password

Site name

Site address

Login/username

Password

Site name

Site address

Login/username

Password

Site name

Site address

Login/username

Password

Site name

Site address

Login/username

Password

Site name

Site address

Login/username

Password

Site name

Site address

Login/username

Password

WAN Settings

MAC Address: (See Broadband Modem)

IP Address: (See Broadband Modem)

Host Name: (if required by ISP)

Domain Name: (if required by ISP)

Subnet Mask:

Default Gateway:

DNS — Primary:

DNS — Secondary:

LAN Settings

IP Address:

Subnet Mask:

DHCP Range: (if DHCP enabled)

Wireless Settings

SSID: (Wireless network name)

Channel:

Security Mode:

Shared Key: (for WPA)

Passphrase: (for WEP)

SOFTWARE LICENSE NUMBERS

Software:

License Number:

Purchase Date:

Software:

License Number:

Purchase Date:

Software:

License Number:

Purchase Date:

Software:

License Number:

Purchase Date:

Software:

License Number:

Purchase Date:

Software:

License Number:

Purchase Date:

Software:

License Number:

Purchase Date:

Software:

License Number:

Purchase Date:

Software:

License Number:

Purchase Date:

Software:

License Number:

Purchase Date:

Software:

License Number:

Purchase Date:

Software:

License Number:

Purchase Date:

Software:

License Number:

Purchase Date:

Software:

License Number:

Purchase Date:

Software:

License Number:

Purchase Date: